인생계략 LIFE PLOT

시산맥 서정시선 046

인생계략 LIFE PLOT

시산맥 서정시선 046

초판 발행 | 2018년 7월 5일

지 은 이 | 이상정
펴 낸 이 | 문정영
펴 낸 곳 | 시산맥사
편집주간 | 이성렬
편집위원 | 안차애 오현정 전해수 정재분
등록번호 | 제300-2013-12호
등록일자 | 2009년 4월 15일
주　　소 | 110-350 서울특별시 종로구 율곡로 6길 36,
　　　　　월드오피스텔 1102호
전　　화 | 02-764-8722, 010-8894-8722
전자우편 | poemmtss@hanmail.net
시산맥카페 | http://cafe.daum.net/poemmtss

ISBN 979-11-6243-019-4 03810

값 10,000원

* 이 도서의 국립중앙도서관 출판시도서목록(CIP)은 서지정보유통지원시스템 홈페이지(http://seoji.nl.go.kr)와 국가자료공동목록시스템(http://www.nl.go.kr/kolisnet)에서 이용하실 수 있습니다.

* 본문 페이지에서 한 연이 첫 번째 행에서 시작될 때에는 〈 표기를 합니다.

* 이 시집은 교보문고와 연계하여 전자책으로도 발간되었습니다.

인생계략 LIFE PLOT

이상정 시집

■ 서문

아들아, 인생계략을 짜라
네 인생의 계략을
슬픔도 즐길 수 있는
고통도 즐길 수 있는
실패도 즐길 수 있게
어차피
인생은 즐기다
가는 것이다
삶은 유에서 무로
가는 것이다
아들아
인생을 즐길 수 있는
계략을 짜라.

2018년 신록의 봄
이상정 쓰다.

■ preface

Son, make a life plan.
the plot of your life
to enjoy sadness
to enjoy the pain
so that you can enjoy failure
after all,
Life is about to enjoy and then goes to death.
Life is going form existence to nothing.
My son,
make
a life plot.

Spring in the fresh green of 2018
Writed Lee, Sang-jeong

■ 차 례

1부 Chapter 1

2부 Chapter 2

3부 Chapter 3

4부 Chapter 4

1부

Chapter 1

살아남는 방법 1

주먹구구식
감정적 처리가
가져온 쓴잔
무턱대고 시작한 일
가정도 사랑도 망치고
돌이킬 수 없는 상황에서
다시 시작이다
이젠 신중에 신중을
기회는 위기 속에서 꿈틀대고
언제나 위기이지만
승패를 깊이 살피며
다시 시작하는 거야
삶은 총성 없는 전쟁
살아남으려면 신중하자
죽고 사는 일이 여기에 있으니
신중하자 신중하자 신중하자

How to Survive 1

Bitter results of
Emotional handing with
A rule of thumb
The thing starting recklessly,
Ruining one's family and love,
When there's no going back,
it's begin again
Now, be cautious with caution
Opportunity writhes in crisis
Although it's always a crisis,
it's begin again
with a close eye on the victory and defeat
Life is a war without gunfire
if we want to survive,
must be careful
It is here that we die and live,
Be careful, Be careful, Be careful

살아남는 방법 2

자기 수준도 모르고
욕심만 앞서 벌린 일
모두가 피곤하다
실패를 계획 말고
넓은 마음으로
소통하자
공감하자
오늘도 날씨는
변덕이 심하다
적절한 때를 살펴라
하나님도 의도를 알 수 없나니
때를 기다려라

How to Survive 2

A matter of great greed
Without knowing how can I do
Everyone is exhausted
Do not plan for failure,
With a broad heart
Let's communicate
Let's empathize
Today's weather is
Also volatile
Look at th right time
God knows no one's intentions,
Wait for the right time

살아남는 방법 3

높고 낮고 넓고 좁고
멀고 험함과 평탄함이
형태와 거리에 따라
처한 입장과 역량에 따라
모든 방법은 달라진다
현명한 판단과 믿음
용감하고 엄정한 결단
정의롭고 공정하며 청렴하라
따뜻한 가슴으로
옳다고 믿는 것을 택하며
자신의 한 말에 끝까지 책임지며
자신에게 대해 엄격하라
자기통제를 잘 해야
살아남는다

How to Survive 3

High and low, wide and narrow
All means are can be different
By form and distance,
According to your position and ability
Wise judgment and belief
A brave and strict resolution
Be righteous, justice and upright
With a warm heart,
Choosing what I believed in right,
Being responsible for the my words to the end,
Be strict about yourself
You need to be in control
That's the only way to survive

살아남는 방법 4

시스템화 된 현대사회
하루하루가 다르게 변한다
기계의 노예가 되어
기계의 족쇄에 묶여
내 삶을 삼키는 괴물
변하는 트렌드에
맞게 생활을 개선하며
멀리서서 전체를 보는 눈으로
세상 중심에 서라
사람이 중심이다
사람 위해 존재하라
그것이 살길이다

How to Survive 4

Systemized modern society
Every day changes differently
Become slaves to machines
Tied to the shackles of the machine
A monster that swallows my life
Improving your life
to meet changing trends,
and with the eye can see the whole from a distance,
Stand in the center of the world
People are central
Be exist for man
That's the only way to survive

살아남는 방법 5

잘 아는 자는 이기고
잘 알지 못하는 자는
패하리라
어느 쪽이 더 도가 있는지
어느 쪽이 더 유능한지
어느 쪽이 더 분명한지
어느 쪽이 더 강한지
어느 쪽이 더 잘 시행되는지
어느 쪽이 더 훈련되어 있는지
승패의 실정을 살펴라
조직의 견실함
조직의 숙련도
조직의 엄격한 상벌제도
이런 조직에 몸담아 봉사하라

How to Survive 5

Those who know well will win,
Those who don't know
will lose
Which leads us to be more resourceful
Which one might be more competent
Which is more apparent
which is more stronger
Which is better implemented
Which one is more likely to be trained
Look at the realities of victory and defeat
The soundness of the organization
The skill of organization
The organization's strict systems for rewards
And punishment
Serve in this kind of organization

살아남는 방법 6

기상천외한 속임수
꼼수, 사기가 세상을 어지럽게 만든다
싸워 이겨야 하는 세상에서
상대방의 판단을 흐리게
다른 곳에 정신을 팔게
엉뚱한 곳에 물질을 퍼붓게
속임수도 전략이다
종잇조각에 불과한 전략은
한방에 다 날아간다
상황에 따라 유리한 조건을 만들어
주도권을 장악하라
방법에 만족하지 말고
더 강하게 만들어가라
너 자신을

How to Survive 6

Extraordinary trick
Trickery, fraud makes the world dizzy
In a world where you have to fight and win
Blurring the judgment of the other party,
Selling their mind elsewhere,
Pouring the material into the wrong place,
Cheating is also a strategy
A strategy that is nothing more than a piece of paper
will fly away in one go
By creating favorable conditions according to circumstances,
Take the lead
Do not be content with the way
Make yourself
More stronger

살아남는 방법 7

겉만 보고 판단하지 마라
능하면서도 능하지 못한 것처럼
쓰면서도 쓰지 못한 것처럼
가까이 있으면서 멀리 있는 것처럼
멀리 있으면서 가까이 있는 것처럼
능력이 있으면서 무능한 것처럼
지금 속고 있지만 속지 않는 것처럼
지금 속이고 있지만 속이지 않는 것처럼
교묘하게 위장하라 세상을
문제가 임박함에도 불구하고
아직 멀리 있는 것처럼
파격적이고 특별한 것엔
반드시 속임수가 있나니
아들아 너는 냉정하고 신중하라

How to Survive 7

Don't judge a book by its cover
As though you were capable but not capable
As if not by way of use while you using
As if it were near but far away
As though you were capable but not capable
Like you're being cheated, but you're not being fooled
You're lying now, but you're not fooling around
Make a clever disguise the world
In spite of impending problems
As if still far away
There is always a trick
in something extraordinary and special
My son, Be calm and careful

살아남는 방법 8

적이 강하면 피하고
적이 기세등등하면 잠시 굽히고
적이 낮추면 교만하게 만들고
적이 편안하면 수고롭게 만들고
적이 친하면 갈라지게 만들고
적이 어지러운 틈을 타 취하라
적이 이로움을 탐하면
이로움을 보여주고 꾀어내고
혼란시키고
마음을 흔들어
유리한 조건을 만들라
아들아
이성의 유혹
돈의 유혹
한탕주의 유혹에 빠지지 마라
이런 미끼에 조심하라

How to Survive 8

If the enemy is strong, avoid
If the enemy gets bossy, bend for a moment
If the enemy lowers himself, makes him proud
If the enemy is comfortable, make it effortless
If the enemies are friendly, make them separate
Take it, during in the confusion of the enemy
When the enemy explores the benefits,
Show the benefits and lure
Confuse and shake the heart
to make favorable conditions
My Son,
The temptation of the opposite sex
The temptation of money
Don't fall into the temptation in a get–rich–quick fever
Be careful with these baits

살아남는 방법 9

생각하지 않는 곳을 조심하라
부지런히 혼란시키고
헷갈리게 만들어
세상은 허를 찌르는 것이다
세상은 속임수 가득 심어놓은 지뢰밭이다
조금만 헛딛게 되면 삶 전체가 날아간다
속지 않으려면
네 안에 빈곳을 두지 마라
세상엔 공짜가 없나니
아들아 공짜를 바라지 마라

How to Survive 9

Be careful where you do not think
Confuse diligently,
Make it confusing
The world is taking aback
The world is a minefield planted with trickery
Just a little bit of a hurdle will blow your whole life
If you do not want to deceive,
Do not put a blank in your inside
There's no free in the world,
Son, do not expect freebies

살아남는 방법 10

이길 확률이 적으면 싸우지 마라
감정적으로 주먹구구식으로 대하면
패하리라
치밀하게
신중하게
생각하고 시작하라
세상은 눈에 보이지 않는
전쟁 속이다
아들아
너의 의중을 미리 드러내지 마라
요행을 바라면서 전쟁을 하지 마라

How to Survive 10

Do not fight if you are less likely to win
Treat emotionally and with a rule of thumb
You will be lose
Meticulously,
Carefully
Think and Start
The world is invisible war
My Son,
Do not reveal your judgment in advance
Do not fight relying on chance

살아남는 방법 11

규모가 클수록
조직이 클수록
돈이라는 총알이 많이 들어간다
총알이 문제다
질질 끌지 마라
오래 끌면 무디어지고
날카로움이 꺾인다
속전속결
빠르고 대담하게 마무리하라
전쟁은 오래 끌어서 이로울 것이 없다
아들아
끝낼 시점을 분별하여
속전속결로 과감하게 끝내라

How to Survive 11

The larger the scale
The bigger the organization,
There are lots of bullets called money
Bullets are a problem
Do not drag
If you drag it long, it will be dull and
The sharpness will be broken
Get something done quickly
Finish quickly and boldly
War can not be beneficial when it lasts long
My Son,
By discerning when to end
Finish drastically with fast pace

살아남는 방법 12

오래 싸우면 서로가 죽는다
재정이 고갈되고
물가가 오르고
생계가 힘들어지고
모든 것이 피폐해진다
모든 면에서 전쟁은 고통스러운 것
오만가지 생각을 하면서
생계를 꾸려가야 하느니라
아들아
수시로 손익구조를 따져라
직원을 인정하고 진심으로 대하라
경쟁 심리를 부추기고 사기를 높여라
성과급으로 잔치를 하라

How to Survive 12

Long fights will kill each other
Finances are depleted
Prices are rising
Livelihood gets harder
Everything becomes impoverished
War is painful in every way
With a thousand thoughts,
We must make a living
My son,
From time to time, look at profit structure
Recognize the staff and treat them heartily
Encourage competition and increase morale
Make a feast with performance bonuses

살아남는 방법 13

인생을 도박하듯 올인하지 마라
매일 성공하고 있다고 믿어라
너의 하루하루 작은 성공을 맛보게 하라
평소 작은 소망을 이뤄가는 습관이 좋다
행복과 불행은 마음먹기에 달려 있다
아들아
시간 관리를 잘하는 사람이 성공한다
오래 끄는 적은 패망의 지름길이다
시간을 아껴라
시간을 아껴라

How to Survive 13

Do not do all–in your life like gambling

Believe that you are successful every day

Let your day experience a little success from day by day

It will be good to have a habit of making a small wish in usual

Happiness and unhappiness depend on the mind

My son,

A person who is good at time management succeeds

A long–lasting enemy is a shortcut to defeat

Save your time

Save your time

살아남는 방법 14

온전한 상태로 이겨라
싸우지 않고 굴복시키는 것이
가장 좋은 방법이다
싸움을 포기 시킬 정도로
큰 힘을 길러라
감히 덤빌 생각을 못하게
말을 순순히 듣게 만들라
상대방을 압도할 정도로 큰 힘
상대방의 지지 세력을 포섭해
네 편으로 만들어라
피를 흘리지 않고 승리하라
안 되는 줄 알면서
밀어 붙이지 마라
나도 망하고 너도 망한다

How to Survive 14

Beat it in perfect condition
Defeating without fighting,
It's the best way
Enough to give up the fight
Raise your strength
Dare not think about to attack,
Make obey you
A power that is overwhelming your opponent
Embracing your opponent's support forces,
Make your side
Win without bleeding
knowing can not do it,
Do not push it
I'm screwed and you're screwed

2부

Chapter 2

인생계략 1

점령하되 공격하지 않고
훼손시키지 않고
온전한 상태로
목적을 이루어라
최고의 검객은
칼을 뽑지 않고
문제를 해결한다
최고의 수준은 문제의 소지를
처음부터 없애는 것이다
진정한 고수는 세상에
이름을 알리지 않는다

Life plot 1

Occupation without attack
Without destroying
In an intact state
Achieve your purpose
The best swordsman
Without pulling a knife
Solve the problem
The best level is to get rid of
the possession of the problem from scratch
A true master does not tell
His name to the world

인생계략 2

무리수를 두지 마라
상대방 쪽수보다 대등하면 분산시키고
적으면 지키고 못하면 피하고
고집스레 버티지 마라
작은 틈을 보이지 마라
조직은 약해진다
아차 하는 순간에
당할 수 있다
기습적인 일격에 넘어진다

Life plot 2

Don't make an irrational move
If you are equal to number of the opponent party, make it dispersed,
If you are few, just avoid
Do not withstand Stubbornly
Do not show a small gap
The organization is going to weak
At the moment,
Be able to suffer
Fall into a surprise blow

인생계략 3

잠자는 사자를 건드리지 마라
나아가서는 안됨을 알지 못해 나아가게 하고
물러나서 안됨을 알지 못해 물러나게 하는
미혹되고 의심을 갖게 되면 틈이 생기게 되고
그 틈을 타 패하게 되리라 아들아
사사건건 간섭하지 마라
간섭하면 그 조직은 망하게 되리라
정치꾼이 설치면 위계질서가 파괴된다
반드시 이길 수 있는 상대와 싸우라

Life plot 3

Don't touch the sleeping lion

Set the way, since do not knowing that you should not go

Make withdraw, do not knowing that you should not withdraw

If you are deceived and doubtful, there will be a gap

You will lose because of the gaps, Son

Do not interfere Every single thing

Interference will destroy the organization

Hierarchical order will be destroyed

When a politician is set up

Be sure to fight against a probable opponent

인생계략 4

아는 것이 힘이다
나를 알라
상대를 알라
상대를 잘 알고 있지만
정작 자신을 몰라 실수를 한다
과소평가해서 자만에 빠지지 마라
이겨 놓고 싸워라
중요한 것은 지지 않는 것이다
승리의 기회는 상대방으로부터 나온다
실수할 때를 기다려라
실수를 적게 하느냐에
승패가 달려 있다
공격과 방어의 시기를 잘 알라

Life plot 4

Knowledge is strength

Know yourself.

Know your opponent

Knowing the opponent well,

Make mistakes since not knowing yourself in fact

Do not fall in pride because of underestimate

Fight after win

The important thing is not to lose

Opportunity to win comes from the other side

Wait for a mistake

To make fewer mistakes

It depends on victory and defeat

Know the timing of attacks and defenses well

인생계략 5

박수를 좋아하지 마라
땅속 깊이 숨으며
스스로를 보존하여 승리하라
하수들은 소리도 많고 박수도 많다
잘 싸우는 자는 쉽게 싸운다
고수는 좀처럼 칼을 뽑지 않는다
겁먹은 모습으로 자신을 위장하라
하수는 박수를 의식한다
아들아
잊지 말라
박수를 좋아하다가 망한다
승부의 세계에서 박수는 독이다
열심히 책을 읽어라
열심히 배워라

Life plot 5

Do not like applause
Hiding deep in the ground
Save yourself and win
An inferior person are loud and lots of applause.
Those who fight well fight easily
The expert is rarely pulling a knife
Disguise yourself in a frightened manner
An inferior person are conscious of applause
Son,
Don't forget
you will fail if you like compliments
Praise is poison in the field of victory
Read the book hard
Hard to learn

인생계략 6

이겨놓고 싸워라
소리 소문 없이 이기는 자가 최고다
잘 싸우는 자는 싸우기 전에
이미 승부를 가른다
상대방보다 실력이 월등하면 가능하다
해결하여야 할 우선순위를 정하라
필요한 변화가 무엇인지
새로운 목표가 무엇인지
치밀하게 따져보고 예측하라
어렵게 싸우지 마라
힘들게 싸우지 마라
피가 튀고 피눈물 흘리는
싸움은 하지 마라
모두가 행복한 문화를 만들라

Life plot 6

Fight after win
The winner is the best without rumors
Those who fight well before they fight,
decide the game already
You can do it if you are superior to your opponent
Set the priority to be resolved
What changes are needed
What the new goal is
Examine thoroughly and predict
Do not fight With difficulty
Do not fight hard
Do not fight
Blood splashing and shedding tears of blood
Create a culture where everyone is happy

인생계략 7

섞고 뒤집고 흔들어 보라
뭔가 새로운 것들이 나온다
끝없음이 천지와 같고
마르지 않는 강 같으니
끝나면 다시 시작하니
소리는 궁상각치우
다섯 소리의 변화를
다 들을 수 없고
색은 적 황 청 백 흑
색의 변화를 다 볼 수 없으며
맛은 단맛 신맛 짠맛 쓴맛 매운맛
맛의 변화를 다 맛볼 수가 없네
마치 고리가 순환하여
낳는 것이 마치
고리가 끝없음과 같으니
누가 다 알 수가 있는가?

Life plot 7

Mix and flip and shake
Something new comes out
No end is like a heaven and earth and
It's like a river that does not dry up
When you're done, it start over.
Sound is do, re, mi, fa, sol
Change of five sounds
can not hear everything
Color is red, yellow, blue, white, black
Change of color can not see everything
Taste is sweet, sour, salty, bitter, spicy
Change of taste can not taste it all
As if the rings were circulating
It is as if giving birth
The rings are like no end
Who knows?

인생계략 8

때를 놓치지 마라
기세는 당당하게
박힌 돌도 떠내려가게 하라
짚단을 베기 위해서는
빠른 속도와 절묘한
타이밍이 요구된다
판단을 잘못해서
때를 놓치면 실패하나니
촉각을 세워
때를 놓쳐서는 안 되리라

Life plot 8

Don't miss the moment
Be confident
Let the stuck stone fall away
To cut the straw,
Fast and exquisite
Timing is required
By mistake,
If you miss the time, you would fail
Keeping your senses,
should not miss the time

인생계략 9

미끼에 걸리지 마라
함정을 파서 일격에
무너뜨릴 비장의 카드를 준비하라
나무와 돌의 성질을 보라
모나면 정지하고 둥굴면 굴러간다
적재적소에 잘 배치하라
신이 나서 절로 굴러가리라
조직의 풍토를 비탈길처럼 만들라
편안하면 게을러진다
의도적 위기상황을 조성하라
위기는 또 다른 기회가 된다

Life plot 9

Do not take the bait
Trapping the trap and Prepare a card for the spleen
to break down on the blow
Look at the nature of wood and stone
When it angular, it would stop,
when it round, it would roll
Place well in the right place
It will roll over with excitement
Make the climate of the organization look like a slope
If you are comfortable, you can be lazy
Create an intentional crisis situation
The crisis is another opportunity

인생계략 10

주도권을 잡아라
위기의식을 조성한다는 것
적재적소에 사람을 배치하는 것
기술보다 사람이다
최고의 해결책은 사람이다
먼저 생각하고 행동하라
끌고 가라
승리의 관건은 집중이다
나를 드러내지 마라
중요한 것은 눈에 보이지 않는다
항상 변한다
남의 시선을 의식하지 말고 두려워 말라
모든 일은 억지로 안 된다
환경을 지배하라
주도적으로 끌고 가는 것이다
끌려가는데 익숙한 사람은
언제나 끌려가는 인생을 살게 된다

Life plot 10

Take the initiative
Creating a sense of crisis
Placing a person in the right place
It is a person more than technology
The best solution is people
Think first and then act
Drag it
The key to victory is concentration
Do not reveal me
The important thing is invisible
Always change
Do not be conscious of others' eyes, do not be afraid
Everything is not forced
Rule the environment
It is to be led
A man who is accustomed to being dragged
will live a life that is always taken away

인생계략 11

편안하게 있으면 능히 피곤하게 하고
배부르면 능히 주리게 하라
공격을 잘 하는 자는 지켜야 할 곳을
알지 못하게 하고
수비를 잘하는 자는 공격할 곳을
알지 못하게 하라
남에게 보이는 부분을 최소화하라
세상을 살아가다 보면
자신을 너무 드러내 손해 보는
경우가 적지 않다
드러나게 하되 나는 드러나지 않게
형태를 드러내지 않으면 모르리
드러내면 손해 보는 일이 많으리니
자신을 드러내어 박수를 받고
주목을 끈다고 해서 오래가지 않는다
자신을 드러내지 않으면서
할 일을 다 하는 자가 되라

Life plot 11

If you are comfortable, make you be tired
When you are full, make your hunger
Do not let those who are good at attacking know
where to keep
Do not let those who are well defended know
where to attack
Minimize visible to others
When you live in the world,
There are a few cases where you are exposed
too much to yourself
To reveal but not myself
If you don't show yourself, others will not know
There are a lot of losses when exposed
It does not last long
when it reveals yourself and
gets applause and attracts attention
Without revealing yourself,
Be the one who does what you need to do

인생계략 12

높아지려고 하면 낮추고
앞으로 나가려고 하면 뒤로 물러나라
빛을 감추고 어둠 속에서 실력을 길러라
중요한 것은 눈에 보이지 않는다
겉으로 드러나고
누구나 보면 알 수 있는 것은 시시하다
보이지 않는 곳에서 이루어지는 과정은
은밀해서 아무나 볼 수 없다
깊은 통찰력을 길러라
눈에 보이는 결과론적 현상보다
눈에 보이지 않는 숨은 과정이 중요하다
결과만으로 모든 것을 평가하지 마라
날마다 변하고 또 변해야 한다

Life plot 12

If you want to raise it, try to lower it

If you want to go ahead, try to step back

Hiding the light and improving your skills in the dark

The important thing is invisible

It is absurd

that anyone can see when they are exposed

The process that takes place in an invisible place is secret and can not be seen by anyone

Build deep insights

The invisible process is more important than the visible result phenomenon

Do not judge everything by results alone

It changes day by day

You must change again

인생계략 13

만사가 억지로는 안 된다
물의 성질이 높은 곳에서
낮은 곳으로 흘러가듯
자연의 순리에 따르라
상대는 잘 준비된 곳을 피해
허점을 찾아 친다
억장이 무너지는 절망 속에서
억지로는 안 된다
물은 가만 두어도 절로
낮은 곳으로 흐른다
아들아 생각하라
지나간 것은 과거일 뿐
미련을 두지 마라

Life plot 13

All things must not be compelled
As the nature of water flows from high to low,
Follow the course of nature
The opponent is looking for a loophole
to avoid the well–prepared spot
Can not force yourself to be in a desperate situation
The water flows down to a low place
even if it is left alone
Son, think about it
Past is the past
Don't hesitate

인생계략 14

만물은 수시로 변한다
변화에 잘 적응하라
목 화 토 금 수
오행은 서로 돕고
서로 이기는 상극 관계
나무는 불을 살아나게 하고
불은 물질을 태워 흙을 만들고
흙은 모여 금석이 되고
금석에서 물이 솟아난다
나무는 흙을 뚫고
흙은 물의 흐름을 막고
물은 불을 끄고
불은 쇠를 녹이고
쇠는 나무를 자른다
승패도 돌고 도는 것
허와 실도 언제나 변한다
아들아 변화에 잘 적응하라

Life plot 14

Everything changes from time to time
Adapt well to change
Tree, Fire, Soil, Iron, Water
Five things are help each other
Mutually incompatible relations
Trees make the fire alive
Fire burns the earth to make soil
The earth gathers together and becomes gold Stone
Water gushes from gold stone
The soil blocks the flow of water
Water turns off the fire
The fire melts the iron
The iron cuts the tree
A matter of winning or losing is round and round
There is always a difference
between being caught off guard and being caught off guard
Son, adapt yourself to change

인생계략 15

때론 돌아가는 길이 빠르다
밤새 일만하는 것이 능사가 아니다
준비 없이 덤비지 마라
무너지는 것은 한순간이다
병원 침대에 누워 있으면
세상이 다 소용없다
궁지에 몰린 사람을
너무 몰지 마라
돌아감으로써 곧바로
가는 길을 만들어라
돌아가지만 결과적으로 빠른
현재의 근심거리를 이로운 것으로
유리한 기회로 삼아라
아들아 때론 돌아가라

Life plot 15

Sometimes the speed of going back is fast
It is not the best thing to work all night
Don't rush ahead without preparation
It is a moment when you fall down
If you are lying in a hospital bed,
The world is useless
Do not drive too hard on
people who are in trouble
Make a straight way by going back
Going back but it's fast as a result
Now let's worry about the current troubles
Take advantage of it
My sun, go back sometime

3부

Chapter 3

풍림화산 1

조용히 있을 때는 숲과 산같이
시작할 때는 바람과 불같이 하라
사업을 하건 전쟁을 하건
최대의 이익을 남겨라
최대의 성과를 달성하라
법대로 행동하라
먼저 아는 자가 승리한다
기를 잘 다스려라
마음을 잘 다스려라
그래야 행복하다

Forest volcano 1

When you are quiet, like a forest and a mountain
It's like wind and fire when you start
Make the most profit for business or war
Achieve maximum performance
Act as a law
Whoever knows first wins
Take good care of the sprit
Take care of your mind
That's the only way to be happy

풍림화산 2

건강이 최고다
건강하고 에너지가 넘치게 하라
중병에 걸려 병원 침대에
누워 있어보라
오직 살 수만 있다면
어떤 것도 필요하지 않다
세상이 다 소용없으리라
건강은 아무리 강조해도
지나침이 없다
기를 다스리고
마음을 다스리고
체력을 다스리고
변화를 다스려라
아들아
소가 없는 외양간이
무슨 소용이 있겠는가

Forest volcano 2

Health is the best
Be healthy and energetic yourself
Look at you lying in the hospital bed with a serious illness
If only you could live,
You do not need anything
The world will be useless
No matter how much you emphasize health,
There is no excess
Under the control of the spirit,
To rule the mind
Reward your fitness,
Rule change
My son,
What is the use of
a barn without a cattle

풍림화산 3

쫓기는 쥐가 고양이를 문다
도망갈 길을 열어두고 몰라
용의 턱밑에 거슬러난 비늘을
건드리지 마라
변해야 산다
올바른 배수진을 쳐라
약삭빠른 처세는 오래가지 못한다
무분별한 사랑은 모두를 죽인다
아들아 삶의 원칙을 세워라
어명이라도 듣지 말아야 할 것이 있다
삶의 원칙을 세워라

Forest volcano 3

A chased rat knocks a cat
Keep the road open
Do not touch the scales
that go against the dragon's chin
Changing the only way to survival
Make sure you have the right choice
A slippery conduct of life will not last long
Injudicious love kills everyone
Son, establish the principles of life
There is something you should not listen to
Even if it is a King's command
Establish principles of life

풍림화산 4

유비무환
충분히 생각하면
걱정과 근심을 풀 수 있다
지나치게 낙관적으로
지나치게 비관적으로
받아들이지 마라
좋은 일만 생각하라
이로움은 탐하고
해로움은 피하는 것이
사람의 심리다
사람들은 이익에 따라 움직인다
잘나갈 때 위기를 생각하라
칼을 입에 물고 문제해결
능력을 갖춰라
배수진을 치고 필사즉생이다

Forest volcano 4

An ounce of prevention is
worth a pound of cure
If you think enough,
you can solve your anxiety and worry
Overly optimistic,
Overly pessimistic,
Do not take it
Think of only good things
To covet Benefits,
To avoid harm,
is a person's psychology
People move according to profit
Think of a crisis when you're on the right track
Put your knife in your mouth and
Have problem solving skills
Put your boats on fire
If you want to die, you will live

풍림화산 5

아들아 불같은 성질을 죽여라
급하게 성을 내면 업신여김을
당하게 된다
너의 성질을 누를 수 있다면
너의 인생의 절반은 성공이다
날마다 참는 연습을 하라
성질내는 것도 습관이다
화를 참을 때 성공이 눈앞에 있다
한번 뱉은 말은 회수할 수 없다
말조심하라
날카로운 말은 마음 깊은 곳을 찌른다
분노를 참을 줄 아는 사람이 현명하다
아들아 화내기를 더디 하라

Forest volcano 5

Son, kill the fiery nature
If you get angry quickly,
you will be strangled
If you can push your temper,
Half of your life is success
Practice patience every day
It is also customary to be angry
Success is in front of you when keep your temper
Words that once spit can not be retrieved
Watch your language
A sharp remark strikes the back of one's mind
The one who knows how to tolerate anger is wise
My son, be slow to anger

풍림화산 6

지나치게 깨끗한 물엔 물고기가 없다
결벽증에 가까울 정도로 깨끗하면
수치심을 당할 수 있다
적당한 세균도 필요하다
너무 깨끗하면 주변에 사람이 없다
진정한 친구는 어려울 때 알 수 있다
분별없는 사랑은 모두를 죽인다
우유부단은 무능함과 같다
자식을 사랑한다고 해서
따끔하게 혼을 내야 할 때
혼내지 못한다면 자식을 망치게 된다

Forest volcano 6

There is no fish in excessively clean water
If you're clean enough to be clearheaded,
It could be subject to shame
Proper germs are necessary
If it's too clean, there's no one around
A true friend can be seen in need
Inconsiderable love kills everyone
Ignorance is like incompetence
Since you love your children,
When you have to be scolded them,
If you can't discipline your children,
they'll spoil them

풍림화산 7

성격이 운명을 좌우한다
나쁜 성격은 버려라
세상에 반드시라는 것은 없다
반드시 무엇을 해야 하겠다는
고지식한 성격은 위험하다
성격을 바꾸는 것은
기린의 얼룩무늬를 바꾸는 것이다
성격이 운명을 좌우한다

Forest volcano 7

Personality influences fate
Drop the bad personality
There is no such thing as a must
It's dangerous to be so inflexible
as to be sure to do something
Changing personality is like
Changing the giraffe's mottling pattern
Personality influences fate

풍림화산 8

새것은 없다
주변을 잘 살펴라
작은 징후도 놓치지 마라
평소와 다를 때를 조심하라
다른 행동을 보이면 의심하라
피하는 것도 전략이다
어떤 상황을 만나든
섣불리 행동하지 마라
숨을 고르고 주변을 살피고
생각하라
분명한 것은 땀과 희생 없이는
열매가 없다
노력하고 땀 흘린 만큼 이루어진다
해 아래 새것이 없나니

Forest volcano 8

There is nothing new
Look around you
Do not miss the small signs
Be careful when it is unusual
If you see other behavior, suspect it
Avoiding is also a strategy
Do not be rash if you meet any situation
Take your breath, look around
and think
Obviously, there is no fruit
Without sweat and sacrifice
It is done only with effort and sweat
There is nothing new under the sun

풍림화산 9

높은 곳이 좋고
양지바른 곳이 좋고
풀이 있는 곳이 좋고
쾌적한 곳이 좋다
유리한 곳을 택하고
불리한 곳은 피하라
의심하고 주의 깊게 관찰하라
작은 징후들을 살펴라
본질을 꿰뚫는 통찰력을 길러라
무릇 깊이 생각하며 가벼이 여기지 마라

Forest volcano 9

I like heights
I like sunny places
I like a place with grass
I like a pleasant place
Take advantage and
avoid disadvantages
Doubt and observe carefully
Look at the small signs
Develop insight into the essence
Think deeply and don't take it lightly

풍림화산 10

고정된 현재는 없다
그때그때 다르다
상황에 맞추어
융통성 있게
순간순간 분위기를 파악하여
빠른 결단을 내려라
질질 끌면 망하는 지름길이다
가르침이 명백하지 못하면
약하고 위엄이 없고
헤아리지 못하고
질서가 없다

Forest volcano 10

There is no fixed present
It's different each time
To adapt to the situation,
Make a quick decision
with the flexibility of the moment
It's a bad shortcut when is dragged on
If teaching is not clear,
it is weak and undignified
it can not be figured out
and there is no rule

풍림화산 11

지피지기 백전불패
이길 방법이 없다면 싸우지 마라
승산을 먼저 생각하고
진퇴를 분명히 하라
죽음 속에서 살길을 찾는다
절박한 상황에 몰아넣으면
죽을 각오를 하고 싸운다
솔연이라는 뱀을 생각하라
머리
꼬리
허리가
저절로 움직이는
전설 속의 뱀

Forest volcano 11

If you know your enemy and yourself,
you can win every battle
If there is no way to win, do not fight
Think of your odds first and
Make your course of action clear
Seek a livelihood from death
If you put me in a desperate situation,
I'll fight against death
Think of a snake named Solum
Head
Tail
Waist
Self-operated
A legendary snake

풍림화산 12

죽음의 땅에서 재빨리 빠져나오라
오래 머물다보면 서서히 죽게 된다
인터넷 중독
알코올 중독
담배 중독
섹스 중독
바로 이런 사지에서
발을 빼라
그래야 살 수 있다

Forest volcano 12

Get out of quickly in the land of death
Die slowly if you stay long
Internet addiction
Alcoholic intoxication
Tobacco poisoning
Sex addiction
In these land of death,
Take your step quickly
That's the only way to live

풍림화산 13

오월동주
서로 미워하지만
같은 배를 타고 가는 처지
풍랑 앞에
협력해야 하리라
그래야 산다
원수라도 서로 도울 땐
도와야 하리라

Forest volcano 13

Adversity makes strange bedfellows
Hate each other,
But on the same boat riding
Before the storm,
Need to work together
That's the only way to live
Even the worst foe
Even the enemy,
Should help each other when you need to help

풍림화산 14

고요해서 어둠 속 같고
눈과 귀를 어리석게 만들어
알지 못하게 만들고
길을 가되 헤아리지 못하도록 하고
가며 옴을 알지 못하게 하고
높은 곳에 올라 사다리를 치워버리 듯
사람의 심리변화를 살펴라
깊게 알면 결단하게 되고
얕게 알면 마음이 갈라지니
나아갈 때가 없는 사지로 몰아
최선의 노력을 다하게 하라
오랫동안 같은 일을 하다보면
타성에 젖어 마음이 느슨해진다
상대는 늘 호시탐탐 기회를 엿본다
유리할 때
이길 만할 때
위기가 닥쳤을 때
경계하고 조심하라
죽으면 끝이다
죽은 사람은 다시 살아날 수 없다

Forest volcano 14

It's calm like inside of dark
Make your eyes and ears foolish
do not know everything
Let's go on way unknowingly
Without knowing what to do go and back
Get rid of the ladder when you climb high
Look at changes in people's psychology
If you know it deeply, you' ll decide
If you know shallow, your heart will split.
Make your best efforts,
Drive to the land of death without step back
If you do the same thing for a long time,
Under pressure of habit, you feels loose
The opponent is always looking for a chance to seize a chance
When advantageous,
When you able to win,
When the crisis strikes,
Watch out for caution
If you die, it will be over
The dead can not come back to life

풍림화산 15

불의 혀
예측할 수 없는 존재
만사가 불의 혀 같아서
바람이 어디서 불어올지
바람이 어디로 불어갈지
강했다 약했다
종잡을 수 없는 불의 혀
잠시도 고정됨이 없이
흔들거리는 불길
너울거리는 모습
변화에 춤을 추라
방심하면 끝이다

Forest volcano 15

The tongue of fire
An unpredictable existence
Everything seems to be the tongue of fire
Where the wind will come from
Where the wind is blowing
Was strong and weak
A tongue of fire that can not be caught
Without a pause,
Flickering fire
A rolling figure
Dance to change
If you take your guard off, it will be over

풍림화산 16

들어라, 잘 경청하라
잘 듣는다는 것
지식을 얻는 행위다
제일 먼저 발달하는 것도 청각
마지막까지 기능을 잃지 않는 것도 청각이다
아들아 잘 듣는 것이 중요하다
모든 것이 들으면서 낳고
승패가 정보에 달려 있다
아들아 경청하라

Forest volcano 16

Listen, listen carefully
Well listening
is to gain knowledge
The first thing that develops is the hearing and
It is also audible to not lose function
until the end of the day
My Son, it is important to listen carefully
Everything comes to mind listening
Success and failure depends on information
Son, listen carefully all the time

4부

Chapter 4

이 길을 걸으며

이 길을 걸으며 느껴봐
시인이 된 것을
시인의 길을 걸으며 외쳐봐
나는 시인이라고
시인의 길을 걷다 보면
어느새 시인이 된다
시인은 남이 보지 못한 것을 보고
시인은 남이 느끼지 못한 것을 느끼며
시인은 남이 말한 것은 말하지 않는 것
시인의 길을 걸으며 느껴봐
내가 시인 된 것을

While walking this road

Feel it while walking this road,
Shout out loud to be a poet,
Wile waking the poet's path
When I walk down the path of a poet,
I become a poet
A poet sees things that others can't see
A poet feels things that others can't feel
A poet does not say the things that others say
While walking the poet's path and feel it,
That I've become a poet

사막에 꽃으로 피어나리라

붉은 사막에 너의 입술도장편지를
묻어버린 사월 어느 나른한 봄날
한참을 망설였다

지난날의 아름다웠던 시간들이
뜨거운 사막 모래 속에서
녹아내린다

그날 밤 몰래 뿌린 눈물은
사막에 다시 붉은 꽃으로 피어
또 다시 사랑을 불러오리라

흘러오고 흘러가는
돌고 도는 시간 속에
묻어버리리라, 너의 지난 과거를

Will bloom as flower in the desert

The letter of your lips was buried
in the red desert in April
A drowsy spring day,
I hesitated for quite a while

The beautiful times of the past
are Melted down
in the hot desert sand

The tears that were scattered secretly that night
will bloom again in the desert as red flowers
and will bring love again

Flowing come and back,
in the round and round of the time
I will bury your past

시인인가 되묻다

추방된 시인들의 나라에서
실체가 아닌 허상만을 읊조리는
시인 아닌 시인 같은 시인들
그대가 진정 시인인가
시인 흉내를 내는 시인인가
알 수 없는 나의 실체에서
시인은 없었다.
그냥 흉내 내는 시인일 뿐
해 아래서 다 헛된
바람을 잡으려는 것
아니면 어떻고 또 그러하면 어떠한가?
그저 왔다가는 인생 속에서
그냥 시인으로 살아가세
그냥 인간으로 살아가세
시인이라고 허세 부리지 말고
겸허하게 낮은 곳으로 흘러드세
낮술에 거울 앞에서 허상을 보고
그대가 진정 시인인가 되묻는다

Ask again are you a poet

In the country of exiled poets,
Like a poet but not a poet
who resonate a virtual image not substance
Are you a true poet
Is it a poet who imitates a poet
From my unknown reality,
There was no poet
It's just a poetic imitator
Everything's in vain trying to catch the wind
under the sun
Or what and what is it?
Just come and live in life
Just be live as a poet
Just be live as a human
Let's go to the low place humbly
Because of drinking in the daytime
I see the illusion in front of the mirror and
Ask again, are you truly a poet

좌뇌의 고장

누돈죷순순수ㅡ
누둔늣ㅈ늦수즞 숫수숫숫슈ㅡ
ㅅㄷ누준누순룬늣ㄷ, 순숫눈숫늦ㅅㄷ
눈순늣ㅈ눈수눈스ㅜㅈ ㅅ순느늦순누둔눈스·ㄷ

순수둔숫순숫ㅅ둔· 수둔숫순숫·ㅈ누‥
순느스눈눈눈순스· 숫ㅡ순슈눈느순스늦순수수
숫스ㅜㄷ숫느ㅜㅈ 순슨늦수돈ㄷ슈ㅡㅈ느
툿ㄷ느ㅜㅈ스ㅜㄷ 순ㄴ존르순ㅅ조ㅡㄴㅈ순ㄴ조ㅡㅈ
눈눈스ㅜㄷ스ㅜㅈ 스ㅜㅈ슨ㄷ·ㅅㅈ늦순ㅈ누
ㅡㄴㅈ수누스ㅜㅈ 수툰순스늣ㄷ뉴스
눈스늦순누도눈수ㅜ 드수드늣눈늣ㅜㄷ

순스ㅜㅈ슨눈 순숫스ㅜ순늣
눈누슨도늣눈스슨ㄷ, 수느숝스늣늣ㄷ느ㅡ
뉴늣ㄷ누느숝순뉴ㅡㄴ 둔수늣ㅈ눈순스뉴ㅡ
느슨숫눈스슨늣ㄷㄴ 느늣느훈슨두수ㅡ
ㅡ순늦스ㅜ순늦스ㅜㄷ 순눈스ㅜㄷ순ㅅ·
ㄷ순늣ㅈ느ㅜㄷ ㅅㅈ눈스ㅜㄷ 순순순스ㅡ

ㄴ도늣ㄷ느ㅜㄷ 스ㅜㅈ순스ㅜㄷ수
스눗눗눗스스
눗눈숫스눈 눈스순숫눈 순숫스ㅜㄷ
스눗순숫스ㅜ ㅈ눗숫수수 눗순순숫
수둔순 순눗스수스ㅜ눈 늣누준수두
순순순순 눈눗순스놋눈 순순ㄷ.

A left brain breakdown

Nu don jonj sud sud su–
Nu dud neut g nuch su juch
such su such such soo–
S d nu jud nu sud rud nus d,
sud such nud such nuch s d
Nud sud neut g nud su nud s u g
S sud neu nuch sud nu dud nud s . d

Sud su dud such sud such s dud .
su dud such sud such. g nu ..
Sud neu s nud nud nud sud s
such– sud soo nud neu sud s neut sud su su
Such s u d such neu u g
sud seud nuch su dun d soo–g neu
Tous d neu u g seu u d
sud n jod r sud s jo–n g sud n jo–g
Nud nud s u d s u g
suj seun d . s g nuch sud g nu
– n g su nu s u g
su tud sud s nos d nuws
Nuds nuch sud nu do
nud su u d su nos nud u d

Sud s u g seud nud
sud such s u sud neut

Sud nu seun do neut nud s sen d,
su n songs neut neut d n–
Nuw neut d nu n song sud now–n
dud su nuet g nud sud s nuw–
Nuw neut d nu neo song sud nuw–n
dud su neut g nud sud s nuw–
Neo seon seos nud s seon neot d n
neu neot neo hud seon du su–
–sud nuch seou suu nuch seoud su d
nud seoud s u d s
D sud neut g neu u d
s g nud seo u d
sud sud sud seou –
N do neot d u d
seuo u g jud seo u d su
Seou nuch nuch nuch ss
Nuch nud such seo
nud nud seo sud such sud such seo u d
Seo nuch sud sud such seo u
g nuch such su su nuch sud sud such
Su dud sud sud nuch seu su s u nud
neut nu su du
Sud sud sud sud nud nuch sud s not nud sud sud d

죽은 자의 소네트

네 심장은 타조의 깃털보다 무거워
괴물 암무트*가 집어 삼켜버린다
이승과 저승 사이를 배를 타고
검은 밤으로의 여행을 시작한다
심장의 무게를 달고 있는 오시리스*여
죽은 자들의 왕국에서 영원히 살게
무덤 속에 평소 즐기던 악기를 넣어주오
몸은 새의 모습으로 하늘을 날게 하라
나일강 물에 몸을 씻는 영혼이여
나의 좋은 집에서 영원이 살리라

*암무트 : 머리는 악어, 앞발과 가슴은 사자, 뒷발과 배 는 하마를 닮은 괴물.

*오시리스 : 타조의 깃털과 죽은 자의 심장을 달아 심판 하는 지하세계의 왕.

The sonnet of the dead

Your heart heavier than ostrich's feather
Monster *Ammut swallow it off
Between this world and the other world,
Start the journey on a boat to the dark night
*Osiris weighing the heart
To live forever in the kingdom of the dead,
put in the instruments I usually enjoy into the grave
Let the body fly in the sky in the form of a bird
A soul washing body on the Nile,
you will live forever in my good house

*Ammut : The head is a crocodile, the forelegs and chest are lions, the hind legs and stomach are hippo-like monsters.

*Osiris : The King of the underground world weighing the ostrich's feathers and the dead heart to judge.

도덕경에서 노자를 보다 1

–길

반드시 길이 있다기에
똑바로
방향도 없이
쉬지 않고
달려온 인생길
뒤돌아봐도
눈에 보이질 않는 길에서
길을 잃었다
종착역
그곳에 천도가 있었네
말할 수 없는 길이요
들을 수 없는 길이요
아무도 볼 수 없는
그 두려움의 길
누구나 그 길을 간다
눈물 뿌려두고
가도 가도 보이질 않는 길에서
길을 생각한다

See LAO-ZA in the Tao-te-ching 1

-the road

Because there is always a road,
be straight,
Without direction
Without a rest
The way of life on the run
When you look back,
On a path that is not visible
you are lost
A terminal station
There was a path of heaven
It is a way that can not be said
It is a road that can not be heard
The path of fear
that no one can see
Everybody goes that way
Tearing it up
On the road where I can not see the road
Think of the road

도덕경에서 노자를 보다 8

—원

시발점도 없고 종착점도 없다
과거도 없고 현재도 없다
머리도 없고 꼬리도 없다
가는 것도 없고 오는 것도 없다
앞도 없고 뒤도 없다
있는 것도 없고 없는 것도 없다

시발점이 곧 종착점이고
과거가 곧 현재고
머리가 곧 꼬리고
가는 것이 곧 오는 것이고
앞이 곧 뒤고
있는 것이 곧 없는 것이다

See LAO-ZA in the Tao-te-ching 8

-Circle

There is no starting point and no ending point
There is neither past nor present
There is no head, no tail
There is neither going nor coming
There is neither the front nor the back
There is nothing and nothing is not

The staring point is the ending point
The past is the present
Her head is a tail
Going is coming soon
Front is rear
There is no soon to be

■□ 해설

이상정의 인생계략을 읽고

손수여
(시인, 문학박사, 전 대구대 교수)

이상정 시인은 1993년 제2회 『수원문학』 신인상을 수상하고 1995년 계간 『시와 시인』으로 등단한 한국문단의 중견 시인이다. 작가에게 글 쓰는 일보다 더 막중한 사명이 또 있으랴. 『입술 도장 편지』(2015)에 이어 제9시집인 『붉은 사막』(2017)을 내고 이번 시집 『인생 계략』(2018)은 그의 열 번째 시집인 셈이다. 이제 그에게는 삶 자체가 시이고 시 속에 살고 있다. 그러니 시인으로서 시 쓰는 일에 정진하는 성실함이 우리에게 낯설지 않는 이름으로 친근감 있게 다가온다.

누구에게나 남들이 알 수 없는 아픔이나 알리고 싶지 않는 그림자가 하나쯤 있을 수 있다. 한국전쟁으로 폐허인 조국에서 전후 세대, 특히 60년 초반까지 태어나신 분들이 더욱 그렇다. 이 시기에 태어난 이상정 시인도 예외일

수는 없었다. 2남2녀의 둘째로 태어나 먹고 살기조차 힘들었던 유소년기를 청운보육원에서 보낼 때에 한하운(태영 1919-1975) 시인을 만난 것은 그가 훗날 시 인생을 살아가는데 적잖은 영향을 받은 것으로 사료가 된다. 한하운 시인이 나병에 걸린 몸을 이끌고 비극으로 얼룩진 자신의 삶과 고독을 담은 시를 팔아 생존을 지탱해 나간 것을 이상정은 감수성이 예민한 열대여섯 살이 될 때까지 가까이에서 보고 들으면서 자랐다. 말하자면 "시가 나의 생활에서 밥도 죽도 되지 않는 냉수보다도 도움이 못 되지만 정서면에서는 시는 버릴 수 없는 제2의 생명"이라던 한하운 시인, 그는 고난(苦難)한 세월을 견뎌온 이상정에게 시인이 되어야 하고 큰 시인으로 살아가는데, 영원한 멘토(mentor)로서 정신적 지주가 되었을 것이 자명하다.

제목인 '인생계략'의 '계략(計略)'은 사전상의 의미가 '계획과 책략'이지만 마음을 밝히는 보배로운 글[明心寶鑑]처럼 회갑을 앞둔 시인의 역정과 경륜이 배어있는 경구(警句) 즉, 마음에 새겨 지켜야 할 계명(誡命)이나 계율(戒律)같은 것, '계략(誡略)'으로도 이해하는 것이 좋을 성싶다. 게다가 이번 시집은 한글과 영어의 대조판으로서 특별한 의미가 있다. 번역은 제2의 창작이라고 한다. 이 말은 번역이 얼마나 어려운가를 짐작할 수가 있는데, 세계화 시대에 자신의 시를 지구촌 곳곳에 보급하고자 하는 그의 당찬 열정을 엿보게 된다. 필자는 전체의 흐름을 파악하기 위하여 원고를 두세 차례 정독한 후 지면의 한정 관계로 각 부에 두세 편씩 선정하여 이 시집의 특징과 시인의 작품 세계를 이해하는데 주안점을 두었다. 작품의 선정이나 발문에 대한 해설은 직관과 자의적일 수밖에 없고 여기에 따른 오류는 전적으로 필자의 몫이다.

1. 인생살이 지침서

문학은 삶의 투영이다. 이 점이 독자로부터 사랑 받을 수 있는 하나의 이유가 될 수 있다. 문학은 어떤 형태나 내용으로든 교시적 기능과 쾌락적 기능을 가진다. 이 세상에 존재하는 그 어떤 것도 무관한 것은 없다. 생명이 있든, 없든 관계 속에 있다. 사람과 사람, 사람과 자연의 관계가 그렇다. 이 관계 사이의 거리감을 사람들은 중시하고 특히 사람 사이의 거리를 수치로 나타낸 것이 촌수이다. 어버이와 자녀와의 사이, 형제자매 끼리 사이가 혈연인 가장 가까운 각각 1촌과 2촌이다. 이 시집은 바로 이 관계에 대한 사유와 사이의 미학을 통해 문학적 기능의 필요조건을 충족시킨 것이다.

시인은 서문에서 “아들아 ‘인생계략’을 짜라. 네 인생의 계략을 슬픔도, 고통도, 실패도, 즐길 수 있게, 인생 계략을 짜라”고 밝히고 있는데, 이 시인의 자식사랑 ‘부자유친’의 정서를 엿볼 수 있는 대목이다. 자기중심적이고 자녀들조차 도외시하는 사회풍조에서 자녀를 둔 아버지가 어떻게 해야 하는가를 생각해 보게 하는 것이다. 우리가 흔히 대하는 문학작품에서 지칭하거나 표현하는 대상이 어찌 특정인에게만 국한이 되랴. 설령 꼬집어 표출했다 하더라도 그 대상인 아들은 우리 모두의 아들이고 그 부모의 처지가 될 수 있기에 독자에게 설득력이 있고 호응과 공감을 얻게 되는 것이다. 시적 화자인 시인의 아들 처지가 곧 나의 아들이고 독자의 아들이기에, 진정한 그들의 멘토로서 더욱 그렇다.

겉만 보고 판단하지 마라/ 능하면서도 능하지 못한 것처럼/ 쓰면서도 쓰지 못한 것처럼/ 가까이 있으면서 멀리 있는 것처럼/ 멀리 있으면서 가까이 있는 것처럼/ 능력이 있으면서 무능한 것처럼/ 지금 속고 있지만 속지 않는 것처럼/ 지금 속이고 있지만 속이지 않는 것처럼/ 교묘하게 위장하라 세상을/ 문제가 임박함에도 불구하고/ 아직 멀리 있는 것처럼/ 파격적이고 특별한 것엔/ 반드시 속임수가 있나니/ 아들아 너는 냉정하고 신중하라//

–「살아남는 방법 7」 전문

인생을 도박하듯 올인 하지마라/ 매일 성공하고 있다고 믿어라/ 너의 하루하루 작은 성공을 맛보게 하라/ 평소 작은 소망을 이뤄가는 습관이 좋다/ 행복과 불행은 마음먹기에 달려 있다/ 아들아/ 시간 관리를 잘하는 사람이 성공한다./ 오래 끄는 적은 패망의 지름길이다/ 시간을 아껴라/ 시간을 아껴라//

–「살아남는 방법 13」 전문

위의 시는 1부 「살아남는 방법」에서 무작위로 필자가 선택한 두 편의 연작시이다. 시인이 본 경쟁사회에 대처하는 "살아남는 방법"을 제시하고 있다. 바로 우리가 살고 있는 현실이 그렇고 보면 표현이 다를 뿐, 자식을 둔 이 세상의 어버이의 심정이 어찌 다르랴. "파격적이고 특별한 것엔 반드시 속임수가 있나니" 매섭고 날카로움을 이보다 더 직설적으로 표현할 수 있겠는가. 이런 세상에도 여유로움을 갖고 살아가는 지혜를 시인은 "행복과 불행은 마음먹기에 달려 있"어 "평소 작은 소망을 이뤄가는 습관이 좋다. 시간 관리를 잘하는 사람이 성공한다. 시간을 아껴라"고 당부를 한다. 하루가 다르게 변하는 시스템화 되는 현대사회에서 기계의 노예, 내 삶을 삼키는 괴물, 즉 변화하는 환경에 맞게 생활을 개선하며 "세상의 중심에 서라. 사람이 중심이다. 사람 위해 존재하라. 그것이 살 길"이라

설파하고 있다.

때를 놓치지 마라/ 기세는 등등하게/ 박힌 돌도 떠내려가게 하라/ 짚단을 베기 위해서는/ 빠른 속도와 절묘한/ 타이밍이 요구된다./ 판단을 잘못해서/ 때를 놓치면 실패하느니/ 촉각을 세워/ 때를 놓쳐서는 안 되리라//

–「인생계략 8」 전문

이것 역시 마치 인생 선배, 삶의 고수들의 지혜가 담긴 잠언을 보는 듯하다. 어떤 일이든 다 때가 있는 법, '쇠도 달았을 때 때리라'는 속담처럼 그 찾아온 기회를 놓치지 말라는 것이다. 그러기 위해서는 미리미리 준비하여 늘 염두에 두고 "촉각을 세워" 때를 놓치지 말라고 했다.

이 시집의 「살아남는 방법」 열네 편과 「인생계략」 열다섯 편에 「풍림화산」 열여섯 편 등은 한결같이 역경을 이겨낸 시인의 경륜이 묻어나는 연작시이다. 이 시집의 중심이며, 읽을수록 마치 '지피지기 백전백승(知彼知己 百戰百勝)'이란 『손자병법(孫子兵法)』의 지혜를 현대판으로 풀어놓은 듯하다. 이상정 시인의 이번 시집의 시는 현대시가 갖는 난해성을 벗어나 전편을 통하여 누가 읽더라도 쉽게 이해할 수 있게 쓴 것이 특징이다. 그것은 다른 시집에 비하여 상징과 제유나 환유와 같은 수사적 기교가 비교적 적은 반면에 예시, 대조, 열거 등 담백한 시어로 썼다. 시인의 부성애가 담긴 아들에게 당부하는 인생살이의 지침서이기 때문이다.

2. 언어운용의 연금술사

시집을 한 권 내는 것은 아무나 할 수 없는 힘이 드는 일이다. 황금만능인 세상이지만 돈만으로 해결할 수 없는 일이라서 더욱 그렇다. 오죽 했으면 임산부의 산고(産苦)에 비유를 했을까. 첫 아기는 설렘으로 멋모르고 낳고 만물의 영장인 우리 인간에게 다행히도 망각이란 게 있어 아이가 커가는 걸 보면서 그 고통을 잊고 둘째 아이도 낳는다. 그러나 셋째 아이부터 좀 더 신중해 지듯이 시집을 내는 일도 세 번째, 네 번째를 거듭할수록 자신감이 떨어지고 조심스러운 것은 누가 보더라도 '시집다운 시집' 곧 만족스러운 책을 내는 일이기에 그렇다. 만의 하나라도 함량미달의 책이 될 때 독자로부터의 외면은 말할 것도 없고 그 시인의 생명력과 직결되기 때문이다.

… 시인의 길을 걷다보면/ 어느새 시인이 된다./ 시인은 남이 보지 못한 것을 보고/ 남이 보지 못한 것을 느끼며/ 남이 말한

것은 말하지 않는 것/ 시인의 길을 걸으며 느껴봐/

–「이 길을 걸으며」 일부

네 심장은 타조의 깃털보다 무거워/괴물 암무트가 집어삼켜 버린다./ 이승과 저승 사이 배를 타고/ 검은 밤으로의 여행을 시작한다./ 심장의 무게를 달고 있는 오시리스여/ 죽은 자들의 왕국에서 영원히 살게/ 무덤 속에 평소 즐기던 악기를 넣어주오/ 몸은 새의 모습으로 하늘을 날게 하라/ 나일강물에 몸을 씻는 영혼이여/ 나의 좋은 집에서 영원히 살리라.//

–「죽은 자의 소네트」 전문

붉은 사막에 너의 입술도장 편지를/ 묻어버린 사월 어느 나른한 봄날/ 한참을 망설였다/ 지난날의 아름다웠던 시간들이/ 뜨거운 사막 모래 속에서 녹아내린다./ 그날 밤 몰래 뿌린 눈물은/ 사막에 다시 붉은 꽃으로 피어/ 또 다시 사랑을 불러 오리라/

–「사막에 꽃으로 피어나리라」 일부

같은 사람이라도 사물을 바라보는 시기와 방법, 관심도에 따라서 달리 보이기 마련이다. 시인도 마찬가지여서 시가 되기 위해서는 다른 사람이 본 느낌과 같은 시각으로 보고 옮겨서는 개성 있는 글이나 시가 될 수 없다. "남이 보지 못한 것을 보고 남이 보지 못한 것을 느끼며 남이 말한 것은 말하지 않는 것"이라고 시인의 길을,「죽은 자의 소네트」를 통해 명징하게 제시하고 있다. 고대 이집트의 신화로 등장하는 명계(冥界)의 신(神) 오시리스의 "왕국에서 영원히 살게 평소 즐기던 악기를 넣어주오"라고 사후의 세계, 내세(來世)의 영생을 소망하고 예찬한다. 이승과 저승 사이 배를 타고 지하의 세계, 검은 밤으로의 여행을 나선다. 죽음의 세계가 곧 현세와 다른 개념의 공간인 셈이다. 해서, 시인은 시를 쓰는 일을 황량한 사막에서 오아시스를 찾아 나서듯, 지난날 열정의 사랑, 애틋한 연정의 눈물은 "사막에 꽃으로 피어나리라"고 절규한다. 시인은 무엇을 어떻게, 왜 해야 하는지 그 직분에서 시인의 자긍심과 진솔성을 엿볼 수 있고 나아가 '언어운용의 연금술사'로서의 감성 또한 돋보인다.

3. 겸손한 사람 겸허한 시인

시발점도 없고 종착점도 없다/ 과거도 없고 현재도 없다/ 머리도 없고 꼬리도 없다/ 가는 것도 없고 오는 것도 없다/ 앞도 없고 뒤도 없다/ 있는 것도 없고 없는 것도 없다// 시발점이 곧 종착점이고/ 과거가 곧 현재이고/ 머리가 곧 꼬리고/ 가는 것이 곧 오는 것이고/ 앞이 곧 뒤고/ 있는 것이 곧 없는 것이다//

–「도덕경에서 노자를 보다 8 –원」 전문

그의 제8시집 『입술도장 편지』 중 「도덕경에서 노자를 보다」 연작시 아홉 편의 제목이 그렇듯이 영문학도였지만 그는 한문학 즉 동양고전에도 심취하며 외연(外延)을 넓혀온 시인이었기에 열 번째 시집 『인생계략』은 마치 『명심보감』이나 『고문진보』를 만난 듯한 착각에 빠져들게 한다. 노자(老子)의 사상을 집약한 『도덕경(道德經)』을 한마디로 꼬집어 "곡즉전(曲則全)"이라 할 수 있는데, '원(圓)'을 선으로 이은 둥근 모양을 도덕경으로 풀어낸 것이 절묘하다. 곧(直)은 성질을 지닌 것, 강성은 불어져 일을 그르치지만 굽은(曲) 성질을 지닌 것은 유연해서 온전하다는 의미이다. 세상을 살아가는 대인관계에서도 자신에겐 강직하더라도 상대에겐 너그러움으로 대한다는 이치인 것이다. 곧 내강외유(內剛外柔)를 이름이다. 위의 시에서 볼 수 있듯이 시의 밑바닥에는 우주의 근원을 캐고 "물질이 허공과 다르지 않고 허공이 물질과 다르지 않아서 물질이 곧 허공이고 허공이 곧 물질이며, 감각, 지각, 경험, 인식도 그러하다(色不異空 空不異色 色卽是空 空卽是色 受想行識 亦復如是)"고 한, 마음을 닦는 「반야심경」의 설법을 듣는 듯 무아의 경지에 이른다.

추방된 시인의 나라에서/ 실패가 아닌 허상만을 읊조리는/ 시인 아닌 시인 같은 시인들/ 그대가 진정 시인인가/ 알 수 없는 나의 실체에서/ 시인은 없었다/ 그냥 흉내내는 시인일 뿐/해 아래서 다 헛된/ 바람을 잡으려는 것/아니면 어떻고 또 그러하면 어떠한가?/ 그저 왔다가 가는 인생 속에서/ 그냥 시인으로 살아가세/ 그냥 시인으로 살아가세./

–「시인인가 되묻다」 일부

누돈죷순수 –/누둗늣ㅈ늦수줓숮수숮숮슈–/ ㅅㄷ누줃누순룬늣ㄷ순숮눈숮늦ㅅㄷ/눈순늣ㅈ눈수눈스 ㅜㅈ쑨느놏순누둗눈스/순수둗숮순숮ㅅ둗○수둗숮순숮.ㅈ누../

–「좌뇌의 고장」 일부

날로 넘쳐나는 문예지와 창작교실은 문학의 저변 확대로 이어져 많은 문인을 양성해 왔고 그 중에서도 절반이 시인이고 절대적으로 우세하다. 그러나 들여다보면 오천만 인구에 정작 시인은 1%인 50만의 절반도 되지 않는다. 더구나, 2017년 말 기준으로 한국문협에 등록된 회원은 모든 장르를 포함하여 일만 오천 명 내외에 불과하여 이를 입증해 준다. 시인은 있어도 시다운 시를 쓰는 시인이 없는 현실을 직시하고 "추방된 시인들의 나라에서 실체가 아닌 허상만을 읊조리는 시인 아닌 시인 같은 시인들, 그대가 진정 시인인가" 되묻고는 "그냥 흉내 내는 시인일 뿐"이라고 꾸짖고 있다.

범상과 상상을 초월하는 발상, 『좌뇌의 고장』은 제목의 어휘선택부터가 파격의 시다. 사고의 틀을 형성하는 인간의 뇌세포, 어느 일부라도 손상이 되면 제 기능을 할 수 없는 이치를 한때 공학도였던 그는 정밀 기계에 대비시킨 것이다. 고장이 난 기계와 언어장애로 인한 무의식의 세계를 연상시킨다. 시인이 썼다고 해서 다 시가 되는 것은 아니다. 그럼에도 반시(反詩)가 시가 되는 세상, 세상의 시인에게 던지는 물음이기보다는 어쩌면 자신에게 되묻는 자성(自省)인지도 모를 일이다. 그래서 그는 오히려 아이러니하게도 "그냥 흉내를 내는 시인일 뿐, 해 아래서 다 헛된 바람을 잡으려는 것, 아니면 어떻고 또 그러하면 어떠한가, 그냥 시인으로, 그냥 인간으로 살아가세. 허세 부리지 말고 겸허하게 낮은 곳으로" 낮추며 살라 한다. '안빈낙도(安貧樂道)' 하는 선비정신이 여기에 있는데 "시삼백 사무사(詩三百 思無邪)"나 달관(達觀)의 경지와 무엇이 다르랴.

높아지려고 하면 낮추고/ 앞으로 나가려고 하면 뒤로 물러나라/ 빛을 감추고 어둠속에서 실력을 길러라/ 중요한 것은 눈에 보이지 않는다/ 겉으로 드러나고/ 누구나 보면 알 수 있는 것은 시시하다/ 보이지 않는 곳에서 이루어지는 과정은/ 은밀해서 아무나 볼 수 없다/ 깊은 통찰력을 길러라/ 눈에 보이는 결과론적 현상보다/ 눈에 보이지 않는 숨은 과정이 중요하다/ 결과만으로 모든 것을 평가하지 마라/ 날마다 변하고 또 변해야 한다//

– 「인생계략 12」 전문

그렇다. 누구나 봐서 단방에 알 수 있는 것은 분명 시시하다. 시가 그렇고 깊이 있는 글일수록 의미가 그렇다. 깊은 통찰력을 길러 "눈에 보이는 결과론적 현상보다 눈에 보이지 않는 숨은 과정"을 볼 수 있는 혜안을 길러야 한다. 그래서 "결과만으로 평가하지 말"고 그 결과를 향하여 진행해 온 과정을 중시하는 까닭이 여기에 있다. 모든 학습이 그렇게 이루어지고 평가가 되듯이.

저마다 짊어지고 가는 인생의 길 - 가난도, 부유도, 건강도, 질병도, 만남도, 사랑도, 이별도, 책임도, 명예도, 권세도 모두가 짐이요 짊어지고 가다보면 어느새 절로 고개가 수그러지고 허리가 굽어지는 시선은 아래로 밑으로 향하게 하는 겸손을 알게 된다고 시인은 역설하고 있다. 이 시인은 『인생계략』을 아들에게 당부하는 시로 출발하였지만 전편을 통하여 시인 자신과 세상의 시인들 우리 모두가 그 대상이 되어 공감하는 인간성 회복을 위한 치유를 꿈꾸고 있다.

시는 형상화를 수사법을 동원하되, 함축미에 멋과 맛을 찾을 수 있다. 시는 산문이 아니다. 시가 수필이나 소설과 다른 점은 운문성에 있다. 고로 시는 함축미가 그 생명이다. 이 점을 놓치면 "삶의 고수"는 될지언정 "시작(詩作)의 고수"는 아니다. 삶 속에서 쉽게 건져 올릴 수 있는 소재를 어떻게 문학적으로 사실성(realiy) 있게 구현할 것인지, 나아가서는 그것을 어떻게 시적 에스프리(esprit)를 실현할 수 있을 것인지에 대한 진지한 고뇌가 작품 속에 용해되어야 한다. 앞으로 이상정 시인에게서 제11집부터 또다시 이 원초적 과제를 고려한 수사적 기법과 함축성이 어우러진 진수(眞髓), 그 맛깔스런 새로운 시도를 기대해 본다.*